# Was Sie zum interkulturellen Lernen wissen sollten

**Was ist interkulturelle Erziehung?**
Interkulturelle Erziehung versteht sich als pädagogische Antwort auf das Leben in einer Gesellschaft, die zunehmend von kultureller Vielfalt bestimmt wird. Sie sieht in der Begegnung von Menschen unterschiedlicher kultureller Herkunft, Sprache, Religion und Weltanschauung Lernchancen und Entwicklungsmöglichkeiten, ohne Probleme und Konflikte auszublenden und zu verharmlosen. Interkulturelle Kompetenz ist eine Schlüsselqualifikation, die nicht nur von Kindern mit Migrationshintergrund, sondern von allen Schülerinnen und Schülern erworben werden muss. Mehrere Sprachen zu beherrschen, mit Verschiedenheit adäquat umzugehen und sich in unterschiedlichen kulturellen Kontexten angemessen verhalten zu können, sind Qualifikationen, die in der Zukunft von allen Schülerinnen und Schülern erwartet werden.
Die Auseinandersetzung zwischen Fremdem und Vertrautem ermöglicht, die eigene Position aus einem anderen Blickwinkel neu zu bewerten und die eigene Sichtweise zu erweitern.
Eine wesentliche Voraussetzung für die Entwicklung von Empathie und solidarischem Handeln ist es, sich in den anderen hineinversetzen zu können und mit seinen Augen auf eine gemeinsame Fragestellung oder ein Problem zu schauen.

**Welchen Prinzipien folgt interkulturelle Erziehung?**
- Interkulturelle Erziehung macht die unterschiedlichen Orientierungen, Wertungen und Denkmuster transparent, ohne den jeweils anderen darauf zu reduzieren und durch die Zuschreibung spezifischer Eigenschaften zu etikettieren. Das bedeutet, im Unterricht Gemeinsamkeiten erfahrbar zu machen und Kinder zu unterstützen, kulturelle Differenz selbstbestimmt zu artikulieren, sich damit auseinander zu setzen und sich fremdbestimmten Zuschreibungen zu widersetzen.
- Interkulturelle Erziehung ist Unterrichtsprinzip und durchdringt als Querschnittsthema Schule und Unterricht. Ausgehend von einem spezifischen Thema lassen sich interkulturelle Bezüge fächerverbindend und fächerübergreifend herstellen. Interkulturelle Erziehung lässt sich nicht auf die punktuelle Behandlung einzelner Themen reduzieren.
- Interkulturelle Erziehung geht von den spezifischen Voraussetzungen und Bedingungen der Kinder aus und bringt ihre gemeinsamen und unterschiedlichen Erfahrungen der Kinder zu einem Thema zur Geltung.
- Interkulturelle Erziehung schafft eine Atmosphäre des Vertrauens und ermöglicht den Schülerinnen und Schülern, sich zu öffnen, sich besser kennen zu lernen und einander gleichberechtigt mit Respekt und Achtung zu begegnen.

**Welche Ziele hat interkulturelle Erziehung?**
Die Schülerinnen und Schüler sollen
- sich ihrer jeweiligen kulturellen Sozialisation und Lebenszusammenhänge bewusst werden,
- Neugier, Offenheit und Verständnis für andere kulturelle Orientierungen entwickeln,
- sich mit anderen kulturellen Lebensformen und -orientierungen auseinander setzen und mögliche Ängste eingestehen und Spannungen aushalten, das Anderssein der anderen respektieren,
- Konflikte, die aufgrund unterschiedlicher ethnischer, kultureller und religiöser Zugehörigkeit entstehen, friedlich austragen und durch gemeinsam vereinbarte Regeln beilegen können,
- sich in die Lebenssituation anderer Menschen einfinden und ihre Perspektive einnehmen können, Empathie entwickeln und solidarisch handeln,
- sich Vorurteile und Klischees bewusst machen und gegen Diskriminierung und Ausgrenzung anderer Menschen vorgehen.

# So nutzen Sie dieses Themenheft

Die Stationen dieses Heftes sind in sechs Themenbereiche eingeteilt:
- Weggehen – Ankommen
- Sich kennen lernen
- Sprache
- Zusammenleben
- Essen und Trinken
- Spielen

Sie können die Themenbereiche einzeln bearbeiten oder miteinander verknüpfen, je nach den situativen Bedingungen und den Voraussetzungen in Ihrer Klasse.

Es bietet sich an, Laufzettel für die Stationen themenbereichsspezifisch zu entwickeln.
Die Themenbereiche stellen zwar selbstständige Einheiten dar, sind aber dennoch in Auswahl und Abfolge aufeinander abgestimmt. Bei vielen Stationen ist sowohl Einzel- als auch Partnerarbeit möglich. Bitte prüfen Sie, wie die Station verwendet werden soll. Bei Partnerstationen empfiehlt es sich, sie entsprechend zu kennzeichnen.

**Wegziehen – Ankommen**
Ziel dieses Themenbereichs ist es, Wanderungsbewegungen von Menschen als etwas Normales und nicht als Ausnah-

meerscheinung darzustellen. Migrationen sind eine Konstante in der Menschheitsgeschichte und auch heute aktuell, auch wenn sich die Gründe für Ortswechsel in ihrer Dramatik unterscheiden (Umzug von Schleswig-Holstein nach Bayern, Flucht vor dem Krieg aus Angola nach Deutschland). Die Auseinandersetzung mit biografischen Texten (S. 8 bis 11) und verschiedene Aktivitäten (Interview durchführen, einen Koffer mit kulturellem Gepäck gestalten, Quizfragen beantworten) ermöglichen, wesentliche Strukturelemente von Migrationsbewegungen herauszuarbeiten, z. B. Bedingungen im Herkunftsland, Gründe für die Migration, Migrationsweg, Situation im Aufnahmeland.

### Sich kennen lernen
In diesem Bereich geht es darum, die Selbstwahrnehmung und die gegenseitige Wahrnehmung zu schärfen. Dazu gehört zunächst, sich das Bild bewusst zu machen, das man von sich selbst hat und das man anderen vermitteln möchte. Voraussetzung, um sich kennen lernen zu können, ist die Bereitschaft, sich zu öffnen, um etwas von sich selbst mitzuteilen. Der Andere wiederum muss zuhören und sich auf sein Gegenüber einlassen.

### Sprache
Vielfältige Kontakte im eigenen Wohnumfeld und auf Reisen im Ausland führen zu Begegnungen mit Menschen, die andere Sprachen und Dialekte sprechen. In Deutschland gibt es an vielen Schulen Schülerinnen und Schüler nichtdeutscher Muttersprache. Ihre Sprachkenntnisse bleiben jedoch oft unbeachtet und gelten häufig als Problem, wenn es darum geht, die deutsche Sprache zu erwerben. Die Stationen dieses Bereiches befassen sich damit, Mehrsprachigkeit als Normalität und Vorteil wahrzunehmen.

### Zusammenleben
Kinder leben in unterschiedlichen Zusammenhängen und sozialen Konstellationen mit anderen Menschen zusammen. Mehrheitlich leben Kinder zusammen mit ihren Eltern. Neben dieser Tradition existieren vielfältige Formen des Zusammenlebens, die u. a. durch ledige Elternschaft, Stiefelternschaft, das Aufwachsen in Wohngemeinschaften oder der Unterbringung von Kindern außerhalb der Herkunftsfamilie entstehen. Dieser Themenbereich hat zum Ziel, die unterschiedlichen Formen des Zusammenlebens als gleichberechtigt darzustellen. In der Auseinandersetzung mit den vorgestellten Biografien können die Kinder ihre eigenen Lebenszusammenhänge einbringen, Gemeinsamkeiten und Unterschiede in den Lebensbedingungen, Erfahrungen und Wahrnehmungen feststellen.

### Essen und Trinken
Der Bereich Essen und Trinken eröffnet hervorragende Möglichkeiten, sinnliche Erfahrungen in verschiedenen Kulturen zu sammeln und sich für weitere Erfahrungen zu öffnen. Der kulinarische Bereich kann die Eingangstür für andere Kulturen sein. Die soziale Einbindung soll verhindern, „Essen und Trinken" auf kulinarisch-folkloristische Aspekte zu reduzieren. Die Rezepte können Anregungen für ein internationales Büffet bieten. Die Beispiele sollen die Kinder dazu animieren, weitere Speisen und Getränke einzubeziehen.

### Spielen
In allen Ländern der Welt haben Kinder Spaß am Spiel. Partner- und Gruppenspiele drücken Grundbedürfnisse von Kindern nach Kommunikation, Zugehörigkeit, Anerkennung und Bestätigung aus. Spiele aus verschiedenen Ländern regen an, das eigene Spielerepertoire zu erweitern. Im Vergleich mit einheimischen Spielen stellen die Kinder Gemeinsamkeiten und Unterschiede fest. Spiele aus anderen Ländern können als Impuls dienen, um sich mit dem Leben der Kinder in diesen Regionen zu beschäftigen und etwas über ihre sozialen und ökonomischen Lebensumstände zu erfahren.

## Übersicht und Hinweise zu den Stationen

Seite

**Weggehen – Ankommen**
Es bietet sich an, die Stationen dieses Bereiches in Partner- bzw. Gruppenarbeit zu bearbeiten und die Ergebnisse in der Übersichtstabelle von S. 13 darzustellen und auszuwerten.

**Auf der Suche nach einem besseren Leben** .......... 7
Am Beispiel einer jungen Frau, die Mitte des 19. Jahrhunderts in die USA auswanderte, wird das Thema „Migration" aus einer historischen Perspektive betrachtet. Die Auswanderung nach Amerika im 19. Jahrhundert rückt Deutschland als Herkunftsland von Migranten in den Blick und zeigt, dass Deutsche nicht nur Immigranten (Einwanderer) aufnehmen,

Seite

sondern auch zu den Emigranten (Auswanderer) gehören.
Im Rollenspiel spielen die Kinder die Situation nach, in der Maria ihre Eltern von ihrer Auswanderung in die USA überzeugt. Als Voraussetzung dafür setzen sie sich mit dem Text auseinander, um die Entscheidung argumentativ vertreten zu können. Sie versetzen sich in die Situation der Familie und empfinden die Dramatik des Entscheidungsprozesses nach.

| | Seite | | Seite |
|---|---|---|---|

**Ein Brief aus Amerika** .......................... 8
Die Kinder finden die Antworten u. a. auf die Fragen nach den Gründen der Auswanderung, der Situation im Aufnahmeland und den Zukunftswünschen von Maria, um die zusammenfassende Darstellung in der Tabelle (S. 13) vorzubereiten.
***Material:*** *Atlanten*

**Mauricio: Flucht nach Deutschland** ................ 9
Die Kinder suchen die Antworten auf die Fragen nach den Gründen der Auswanderung, der Situation im Aufnahmeland und den Zukunftswünschen von Mauricio, um die zusammenfassende Darstellung in der Tabelle (S. 13) vorzubereiten.
Bei der zweiten Aufgabenstellung versetzen sich die Schüler in Mauricios Situation und schreiben ihre Gedanken und Gefühle auf. Sie setzen sich mit den Ängsten, Hoffnungen und Sehnsüchten von Mauricio auseinander.

**Markus: Von Satrup nach München** ................ 11
Die Kinder beantworten die Fragen nach den Gründen des Umzugs, der Situation in München und den Zukunftswünschen von Markus. Damit wird eine bessere Übersicht ermöglicht und die zusammenfassende Darstellung in der Tabelle (S. 13) vorbereitet. Markus spricht von seinen Hobbys. Die Kinder stellen ihre eigenen Hobbys in Standbildern dar. In einem Standbild wird eine Situation oder ein Begriff so dargestellt, als wenn ein Videofilm auf Pause steht.

**Warum verlassen Menschen ihre Heimat?** .......... 13
Durch die Antworten auf den Arbeitsblättern zu den drei Kurzbiografien können die Ergebnisse in der Tabelle strukturiert und übersichtlich zusammengestellt werden. Die ausgefüllte Tabelle dient als Grundlage, um die drei Migrationsbiografien miteinander zu vergleichen.
***Material:*** *Atlanten*

**Interview** ........................................ 14
Als Grundlage für das Formulieren eigener Interviewfragen werden die Fragen zu den Kurzbiografien herangezogen. Die Kinder schreiben die Antworten auf ihre Interviewfragen stichpunktartig auf und verfassen die Migrationsbiografien der Interviewpartner.
***Material:*** *Für die Interviews bitte Aufnahmegeräte zur Verfügung stellen. Sie sind im Handel preiswert zu erwerben.*

**Mein kulturelles Gepäck** ........................ 15
Mit dieser Gestaltungsaufgabe versetzen sich die Schülerinnen und Schüler in die Situation von Menschen, die ihr vertrautes Lebensumfeld verlassen, und stellen sich eine derartige Situation für sich selbst vor. Mit der Aufgabe, sich für die wesentlichen Dinge zu entscheiden, die ihr Leben bestimmen und ausmachen, setzen sie sich mit Fragen der eigenen kulturellen Identität auseinander. Der Vergleich der verschiedenen „kulturellen Koffer" in der Klasse macht die Gemeinsamkeiten, aber auch die Unterschiede von Vorlieben und Orientierungen sichtbar.
***Material:*** *Kartons (Schuhkartons), verschiedene Gegenstände und Materialien zum Gestalten und Schmücken des „kulturellen Koffers"*

**Woher komme ich? Ein Quiz** ...................... 16
In dem Quiz werden verschiedene Personen mit Migrationshintergrund vorgestellt, die in Deutschland leben. In spielerischer Form setzen sich die Kinder mit den Angaben der Personen auseinander und erraten das jeweilige Herkunftsland (Australien, Türkei, Polen, Italien).
***Material:*** *Atlanten*

**Sich kennen lernen**
**So bin ich – so möchte ich sein** .................... 17
Die Auseinandersetzung mit der Frage „Wer bin ich?" beginnt mit einem Selbstporträt (Blatt 1). Bei der Aufgabe kommt es auf Genauigkeit an. Die Schülerinnen und Schüler beraten sich, ob z. B. die gemalte Augen-, Haar- oder Hautfarbe stimmt. Die Arbeit führt so zu einer intensiven Auseinandersetzung mit sich selbst und den anderen. Im Vergleich der Porträts erkennen die Schülerinnen und Schüler Ähnlichkeiten und Unterschiede. Ihnen wird bewusst, dass der erste Eindruck einer Person (z. B. dunkelhäutig, dunkle Haare) bei einer genaueren Betrachtung einem differenzierten Bild weicht und Farbnuancen individuelle Merkmale kennzeichnen. In einem zweiten Schritt (Blatt 2) zeichnen sich die Schülerinnen und Schüler so, wie sie gern aussehen würden oder wer sie gern sein möchten. Sie drücken damit verborgene Seiten, Sehnsüchte und Wünsche nach Veränderung aus.
***Material:*** *Zeichenpapier, Tuschfarben, Spiegel zum Aufstellen, Bunt- oder Wachsmalstifte*

| | Seite |
|---|---|
| **Mein Name** | 19 |

Der Name ist Teil der eigenen Identität und liefert oft Hinweise auf historische, kulturelle, religiöse Zusammenhänge und Hintergründe. Die Gestaltung des eigenen Namens sollte etwas über die spezifischen Fähigkeiten und Eigenschaften ausdrücken, die der Träger/die Trägerin des Namens sich selbst zuschreibt und mit denen er/sie sich vorstellen möchte. Die Schülerinnen und Schüler setzen sich mit ihrem Namen auseinander und erfahren etwas über seine Bedeutung und die Gründe, warum sie ihn erhalten haben.
*Material: Zeichenpapier, Farb- und Wachsmalstifte, Namenslexikon*

**Partnerinterview** .............................. 21

Die Schülerinnen und Schüler erfahren durch die Interviews mehr voneinander. Sie stellen sich gegenseitig vor und entdecken Gemeinsamkeiten und Unterschiede. Falls der Platz nicht reicht, bitte noch Schreibpapier bereitstellen.

**Ich-Gedicht – Du-Gedicht** .................... 23

Das Ich-Gedicht drückt durch die Anfangsbuchstaben des Vornamens etwas über die Eigenschaften und Fähigkeiten aus, die der Träger/die Trägerin des Namens sich selbst zuschreibt und mit denen er/sie sich vorstellen möchte. Im Du-Gedicht setzt sich der Autor/die Autorin mit einem Mitschüler/einer Mitschülerin auseinander. Bitte weisen Sie die Kinder darauf hin, dass keine Aussagen getroffen werden, die den anderen verletzen.

## Sprache
**Redewendungen** .............................. 24

Die Schülerinnen und Schüler setzen sich mit Redewendungen aus verschiedenen Ländern auseinander und entdecken, dass die gleiche Bedeutung oft unterschiedlich ausgedrückt wird.
*Material: Zeichenpapier, Farbstifte*

**Sprachen, die ich kenne** ...................... 25

Ein Sprachenprofil von sich selbst zu gestalten macht nicht nur Spaß, sondern gibt Aufschluss über die eigenen Sprachkenntnisse, -erfahrungen und -interessen. Je nachdem, wie sprachheterogen die Klasse ist, können die Fragen auch erweitert werden, indem z. B. gefragt wird: Welche Sprachen oder Dialekte möchtest du lernen? Mit welchen Sprachen bist du in den Ferien im Ausland in Berührung gekommen?
*Material: DIN-A3-Zeichenpapier, Farbstifte*

**Sprachencollage** .............................. 26

Den Kindern wird bewusst, dass Fremdsprachen in der Werbung und in den Printmedien oft verwendet werden. In einer ersten Phase werden die Teile der Collage gesammelt. Je intensiver diese Phase verläuft, umso kreativer kann später gestaltet werden. In der Collage werden dann die gesammelten Elemente zu einem individuellen Arrangement zusammengefügt.
*Material: Zeitungen, Zeitschriften, Verpackungen, Werbematerial, Gebrauchsanweisungen usw., DIN-A3-Papier, Scheren, Klebstoff*

**So schreibt man anderswo** .................... 27

Die Schülerinnen und Schüler entdecken die Schrift als Ausdrucksmittel. In der Gestaltungsaufgabe stellen sie einen Zusammenhang zwischen Schriftbild und Bedeutung des Wortes her.
*Material: Zeichenpapier, Farbstifte*

## Zusammenleben
**Eine Hausgemeinschaft** ...................... 28

Mieter eines Berliner Mietshauses stellen sich als Hausgemeinschaft vor. Ein „multikulturelles Haus" wie dieses ist in Großstädten keine Seltenheit. Entscheidend für das Wohlbefinden der Bewohner und die Bewältigung der Herausforderungen des alltäglichen Zusammenlebens sind nicht ihre Herkunft und ihre „Kultur", sondern Faktoren, die relativ kulturunspezifisch sind (z. B. Kinder, die Lärm machen; Hausbewohner, mit denen man sich gut versteht; Wohnungsgröße). Mit diesem Beispiel soll der Kulturalisierung sozialer Phänomene (Türken sind …, Polen sind …) entgegengewirkt werden.

**Auf gute Nachbarschaft!** ...................... 30

Die vielfältigen Formen nachbarschaftlicher Beziehungen drücken sich u. a. in den gegenseitigen Hilfeleistungen und gemeinsamen Freizeit- und Festaktivitäten aus. In der Auseinandersetzung mit ihren eigenen Nachbarschaftsbeziehungen werden die Kinder für die Bedeutung und Funktion dieser Beziehungen sensibilisiert.

*Informationen für die Seiten 31 bis 34:*
Für die Auseinandersetzung mit den Kurzbiografien von Amina, Murat und Gina empfiehlt sich Gruppenarbeit. Die Ergebnisse der Gruppenarbeit werden in der Tabelle (Arbeitsblatt S. 34) zusammengefasst und der Klasse als Zeichnung, Bericht (Amina) Rollenspiel (Murat, Gina) präsentiert.

| | Seite | | Seite |
|---|---|---|---|

**Amina: Leben in einer Wohngemeinschaft** .......... 31
Am Beispiel von Amina setzen sich die Kinder mit dem Leben in einer Wohngemeinschaft auseinander. Sie stellen zeichnerisch die Personen vor, mit denen sie selbst zusammenleben.
*Material: Textmarker*

**Murat: Leben in einem Dorf** ...................... 32
Murat, Enkel türkischer Arbeitsmigranten, lebt mit seiner Familie in einem Dorf. Die Kinder versetzen sich in seine Situation und stellen den Konflikt Murats mit seiner Schwester im Rollenspiel vor.
*Material: Textmarker*

**Gina: Leben in der Großstadt** .................... 33
Gina lebt zusammen mit ihrer Mutter in einem Hochhaus in einer Großstadt. Die Kinder vergleichen Ginas Wohnsituation mit der eigenen und suchen im Rollenspiel Lösungen für Ginas Bedürfnis nach nachbarschaftlichen Kontakten.
*Material: Textmarker*

**Amina, Murat, Gina – Gemeinsamkeiten und Unterschiede** ................................... 34
Die Kinder fassen ihre Ergebnisse aus den vorangegangenen Stationen zusammen und werten sie aus. Sie schreiben eine Geschichte über ihre eigene Lebenssituation.

**Wünsche von Amina, Murat und Gina** ............. 35
Durch die Zuordnung der Wünsche zu den einzelnen Kindern findet eine gezielte Auseinandersetzung mit den Texten statt. Die Kinder machen sich ihre eigenen Wünsche bewusst, schreiben sie auf und vergleichen sie.

**Essen und Trinken**

**Mein Lieblingsessen** ........................... 36
Die Kinder führen eine Umfrage über ihre Lieblingsspeisen in der Klasse durch, stellen die Ergebnisse vor und vergleichen sie.

**Lieblingsessen anderswo** ....................... 37
Die eigenen Lieblingsgerichte werden mit denen der Kinder in anderen Ländern verglichen. Dabei stellen die Kinder fest, dass es Speisen gibt, die international verbreitet sind (z. B. Eis, Hamburger, Spaghetti), andere aber ihre Lokalspezifik erhalten haben.

**Essen alle Menschen gleich?** .................... 38
Die Kinder erfahren von einer Immigrantin aus China etwas über die Tischsitten in ihrem Herkunftsland. Sie machen sich die Kulturspezifik von Tischsitten bewusst und probieren, mit Stäbchen zu essen.
*Material: Essstäbchen, Teller mit Erdnusschips und Erdnusskernen*

**Trinken alle Menschen gleich?** .................. 39
Die Kinder erfahren von einer türkischstämmigen Frau etwas über ihre Erfahrungen mit dem Teetrinken. Sie machen sich die Kulturspezifik von Tischsitten bewusst, kochen und probieren Tee.
*Material: Tee (z. B. Kräutertee, Früchtetee), türkische Teegläser*

**Gemeinsam essen** .............................. 40
Die zwei Abbildungen visualisieren die Nahrungsaufnahme als Gemeinschaftserlebnis, allerdings in verschiedenen kulturellen Kontexten. Die Kinder vergleichen die Esssituationen und zeichnen, wie sie selbst zu Hause essen.
*Material: Zeichenpapier, Farbstifte*

**Einladung zum Essen** .......................... 41
Die Kinder schreiben Einladungen für ein interkulturelles Menü. Sie entscheiden, wen sie dazu einladen, und entwerfen eine Menüfolge. Dabei können sie auf die Lieblingsgerichte zurückgreifen (S. 36, 37).
*Material: verschiedene Stifte*

**Rezepte: kalte Mixgetränke** .................... 42
Die Kinder ordnen die Rezeptbestandteile zweier Mixgetränke, die durcheinander geraten sind. Sie lesen die Rezepte, organisieren die Zutaten, bereiten die Getränke zu und probieren sie.
*Material: Schere, Kleber, Zutaten für „Minze Lassi" und „Kalte Malve", Küchengeräte*

**Eierkuchen international** ...................... 43
Die Kinder lernen den Eierkuchen als ein Gericht kennen, das es in Variationen unter verschiedenen Namen in vielen Ländern der Welt gibt. Sie finden heraus, in welchen Ländern Eierkuchen gegessen werden, und vergleichen die verschiedenen Bezeichnungen.
*Lösung: Schweden – Pankaka, Deutschland – Eierkuchen, Frankreich – Crêpe, Großbritannien – Pancake, Türkei – Omlet, Spanien – Panqueques*
*Material: Atlanten*

| Seite | Seite |
|---|---|

### Spielen
Die Spiele können als Zirkel innerhalb des Stationenbetriebes gut gespielt werden. Es wäre ideal, wenn eine Gruppe den Spielbereich geschlossen durchläuft.

**Spiel mit!** .................................... 44
Die Seite thematisiert eine Situation, die viele Kinder kennen. Sie sind in einer von Fremdheit bestimmten Situation (verstehen z. B. die Sprache nicht), wollen mitspielen und sind auf Entgegenkommen angewiesen. Die Kinder tauschen ihre Erfahrungen mit ähnlichen Situationen aus. Sie überlegen gemeinsam, wie man sich als Einzelner und als Gruppe in einer derartigen Situation am besten verhält. Im Anschluss erraten die Kinder das Spiel und probieren es aus (Katz und Maus).

**Wer war's? Ein Spiel aus Marokko** ................ 45
Ratespiele in ähnlicher Form sind auch bei uns bekannt (z. B. Daumendrücken). Die Kinder spielen das Spiel, vergleichen es mit bekannten Spielen und begründen, was ihnen an dem Spiel gefällt und was nicht.

**Zublinzeln – ein Spiel aus Deutschland** ............ 46
Dieses beliebte Spiel ist sicherlich vielen bekannt. Vielleicht kennen es die Kinder auch aus anderen Ländern?

**Greif den Stock! Ein Spiel aus Ägypten** ............ 47
Das Spiel ist ein Geschicklichkeitsspiel und verlangt Schnelligkeit, Konzentration und Körperbeherrschung.
*Material: Gymnastikstäbe oder vergleichbare Stäbe*

**Murmeln – ein Spiel aus Chile** ..................... 48
Murmelspiele sind auch bei uns bekannt. Das vorgestellte Spiel aus Chile lässt sich von daher gut mit den einheimischen Murmelspielen und ihren Regeln vergleichen.
*Material: Schuhkartons, Scheren, Farbstifte, Murmeln*

# Weggehen – Ankommen

**Station** _____

## Auf der Suche nach einem besseren Leben

Immer wieder haben Menschen das Land, in dem sie geboren und aufgewachsen sind, verlassen. Vor über 150 Jahren wanderten viele Deutsche in die Vereinigten Staaten von Amerika aus. Eine von ihnen war Maria Hummel. Sie hatte noch sieben Geschwister und lebte mit ihrer Familie in einem Dorf an der Elbe in Norddeutschland. Dort hatte es eine große Missernte geben. Die Kartoffeln waren verfault und das Getreide reichte nicht. Die Menschen hungerten und fanden keine Arbeit. Maria Hummel, die Älteste von den Geschwistern, überzeugte ihre Eltern, dass es für die Familie und sie am besten ist, wenn sie ihr Glück in Amerika sucht. Ihre Eltern hätten es dann leichter, die Geschwister durchzubringen. Außerdem könnte Maria ihrer Familie Geld schicken, wenn sie Arbeit hat. Von Bremerhaven fuhr sie mit dem Schiff nach New York.

- Woher kommt Maria und wohin will sie auswandern?
- Welchen Weg hat Maria genommen? Suche den Weg im Atlas und beschreibe ihn.
- Wie überzeugt Maria ihre Eltern, dass es für sie und die Familie am besten ist, wenn sie auswandert? Spielt die Szene im Rollenspiel.

# Weggehen – Ankommen

Station _____

## Ein Brief aus Amerika

*New York, 3. Juni 1845*

*Liebe Eltern,*
*ich bin glücklich in New York angekommen. Sicherlich hattet ihr viele schlaflose Nächte, weil ihr nichts von mir gehört habt. Die Überfahrt auf dem Schiff war furchtbar. Es war eng und kaum auszuhalten. Endlich, nach 64 Tagen, kamen wir in New York an.*
*Ich war sehr froh, dass ich schon am Nachmittag nach der Ankunft eine Stellung gefunden habe. Eine reiche Kaufmannsfamilie hat mich als Dienstmädchen angestellt. Das Leben ist wie im Paradies. Es gibt für jeden Weißbrot und dreimal in der Woche Fleisch. Ich will euch von dem verdienten Geld regelmäßig etwas schicken und möchte so viel Geld wie möglich sparen. Dann sollen der Rudolf und die Gretel nachkommen. Wir kaufen mit dem Geld, das ich verdient habe, Land. Wer hier Ackerland, Ochsen, Wagen und die Gesundheit hat, der ist reich genug.*
*Auch wenn es mir gut geht, habe ich so große Sehnsucht nach euch. Das Schlimmste ist, dass ich die Sprache nicht verstehe. Deshalb bin ich froh, dass ich in einer amerikanischen Familie arbeite. So hoffe ich, dass ich schnell Englisch lerne und mich an die Sitten und Gebräuche gewöhne. Auf der Überfahrt habe ich ein Mädchen aus unserem Nachbarort getroffen. Wir haben uns angefreundet. Sie arbeitet nicht weit von mir entfernt und wir können uns am Wochenende sehen und miteinander Deutsch reden. Dann lässt das Heimweh gleich schon nach.*
*Viele Grüße auch an meine lieben Geschwister Rudolf, Gretel, Anna, Else, Marta, Josef und den kleinen Paul.*

*Eure Maria*

- Suche im Text die Antworten auf die Fragen und schreibe sie auf.
- In welcher amerikanischen Stadt kommt Maria an?

_____

- Wie verdient sie sich ihren Lebensunterhalt?

_____

- Was gefällt ihr an dem neuen Ort?

_____

- Was wünscht sie sich für die Zukunft?

_____

# Weggehen – Ankommen

Station _____

## Mauricio: Flucht nach Deutschland

**Frage:** Hallo, Mauricio. Wie alt bist du und wo lebst du?
**Mauricio:** Ich bin 13 Jahre alt und lebe in einem Heim für jugendliche Flüchtlinge.

**Frage:** Was bedeutet das?
**Mauricio:** Ich bin vor einem Jahr aus Angola, das ist ein Land in Afrika, allein nach Deutschland geflüchtet. In Angola war bis vor kurzem Krieg, meine Eltern wurden getötet und ich hatte Angst um mein Leben. Ich habe heute noch oft nachts Albträume und wache auf. In Deutschland bin ich in ein Heim gekommen, in dem nur Kinder und Jugendliche leben.

**Frage:** Was gefällt dir in Deutschland?
**Mauricio:** Mir gefällt, dass ich hier in Sicherheit bin und die Sachen machen kann, die mir Spaß machen. Ich höre gerne Musik aus Angola und boxe in einem Boxverein, außerdem gehe ich gern zur Schule und lerne Deutsch.

**Frage:** Welche Sprachen sprichst du denn?
**Mauricio:** Ich spreche Portugiesisch und vier afrikanische Sprachen, die man in Angola spricht, und etwas Englisch.

**Frage:** Willst du in Deutschland bleiben?
**Mauricio:** Ich vermisse meine Familie und kann mir ein Leben ohne sie noch immer nicht so richtig vorstellen. Ich möchte aber in Deutschland bleiben, denn ich habe hier gute Freunde gefunden. Nach der Schule würde ich am liebsten studieren. Ich möchte gern Arzt werden. Aber es ist nicht sicher, ob ich bleiben darf. Ich habe Angst, dass ich mit 18 Jahren, wenn ich erwachsen bin, aus Deutschland ausgewiesen werde. Dann muss ich zurück nach Angola.

**Frage:** Was wünscht du dir für die Zukunft?
**Mauricio:** Ich möchte nie wieder Krieg erleben.

# Weggehen – Ankommen

Station ____

## Mauricio: Flucht nach Deutschland – Arbeitsblatt

■ Suche im Interview die Antworten auf die Fragen und schreibe sie auf.
Warum ist Mauricio nach Deutschland geflüchtet?

_____

_____

Welche Sprachen spricht er?

_____

_____

Was gefällt ihm an dem neuen Ort?

_____

_____

Was wünscht er sich für die Zukunft?

_____

_____

■ Mauricio ist nach Deutschland geflüchtet und lebt ohne seine Familie in einem Heim.
Wie würdest du dich fühlen, wenn du in seiner Lage wärst? Schreibe deine Gedanken auf.

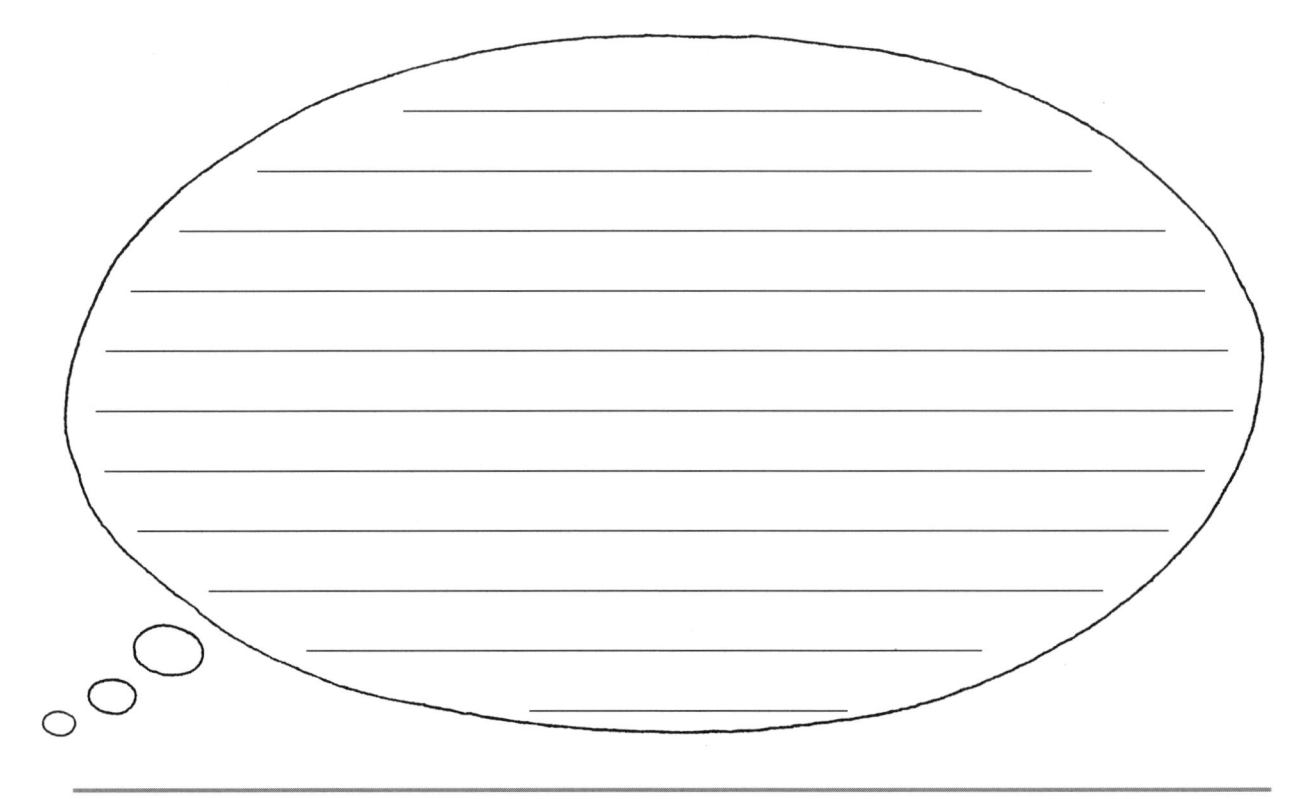

# Weggehen – Ankommen  Station ____

## Markus: Von Satrup nach München

**Frage:** Guten Tag, Markus. Wie kommt es, dass du von Satrup, einem kleinen Ort in Schleswig-Holstein, nach München gezogen bist?
**Markus:** Nach der Realschule habe ich mich in verschiedenen Hotels beworben, um eine Lehre als Hotelfachmann zu beginnen. Mir wurde in einem Hotel an der Ostsee und hier in München ein Ausbildungsplatz angeboten. Seit einem Jahr lebe ich in München.

**Frage:** Warum bist du nicht an der Ostsee, in der Nähe deines Heimatortes, geblieben?
**Markus:** Ich finde es toll, in einer großen Stadt zu leben. In München gibt es viele Kinos und Clubs, wo ich tanze, mich mit Freunden treffe und viel Spaß habe. Im Winter kann ich in den Bergen Ski laufen und im Sommer in den vielen Seen schwimmen. Die Münchner sind sehr gastfreundlich und offen. Ich habe hier schnell Freunde gefunden. In das Hotel, in dem ich lerne, kommen Menschen aus der ganzen Welt. Hier ist viel los und es ist nicht langweilig.

**Frage:** Welche Sprachen sprichst du?
**Markus:** Meine Muttersprache ist Deutsch, aber wenn ich in Satrup bin, spreche ich mit meiner Großmutter plattdeutsch. Das würde jemand, der aus München kommt, nicht verstehen. In der Realschule habe ich Englisch und Französisch gelernt. Das kann ich jetzt gut gebrauchen. Spanisch lerne ich gerade an der Volkshochschule und von meiner Freundin. Sie kommt aus Spanien und lernt auch in meinem Hotel.

**Frage:** Willst du in München bleiben?
**Markus:** Mal schauen, was nach der Lehre kommt. Hotels gibt es überall in der Welt.

**Frage:** Was wünscht du dir für die Zukunft?
**Markus:** Einen guten Abschluss meiner Lehre. Mein Traum wäre es, später selber ein Hotel aufzumachen, vielleicht sogar in Spanien?

# Weggehen – Ankommen

Station ____

## Markus: Von Satrup nach München – Arbeitsblatt

■ Suche die Antworten auf die Fragen im Text und schreibe sie auf.

Warum ist Markus umgezogen?

_____

_____

Welche Sprachen spricht er?

_____

_____

Was gefällt ihm an dem neuen Ort?

_____

_____

Was wünscht er sich für die Zukunft?

_____

_____

Welche Hobbys hat Markus?

_____

_____

■ Welche Hobbys hast du? Stelle der Klasse ein Hobby in einem Standbild vor.
Die anderen Kinder erraten dein Hobby!

# Weggehen – Ankommen

Station ____

## Warum verlassen Menschen ihre Heimat?

■ Was ist in den Geschichten von Maria, Mauricio und Markus gleich, was ist unterschiedlich? Fasse den Brief aus Amerika und die zwei Interviews in der Tabelle zusammen.

|  | **Maria** | **Mauricio** | **Markus** |
|---|---|---|---|
| Ortswechsel woher – wohin? |  |  |  |
| Grund für den Ortswechsel? |  |  |  |
| Sprachkenntnisse? |  |  |  |
| Was gefällt ihr/ihm an dem neuen Ort? |  |  |  |
| Zukunftswünsche? |  |  |  |

■ Suche im Atlas die Orte, wo Maria, Mauricio und Markus herkommen und wo sie hingezogen sind. Wer hat den längsten Weg zurückgelegt?

_____

■ Bist du schon einmal umgezogen? Wie war das für dich? Wer hat dir beim Eingewöhnen in die neue Umgebung geholfen? Berichte.

# Weggehen – Ankommen

Station _____

## Interview

Woher kommen die Menschen, mit denen du zusammenlebst oder die in deiner Umgebung wohnen?

- Frage Verwandte, Bekannte, Nachbarn oder die Familienmitglieder deiner Freunde! Was möchtest du von ihnen wissen? Entwickle einen eigenen Leitfaden für die Interviews. Diese Fragen können dir dabei helfen.

**Interviewfragen**
1. Woher kommst du?
2. Wann bist du hierher gezogen?
3. Warum bist du umgezogen?
4. Was war dir fremd hier?
5. Wer hat dir geholfen, sich hier zurechtzufinden?
6. Was gefällt dir hier und was nicht?
7. Wo möchtest du in der Zukunft leben?

**❗ Tipps für dein Interview**
▷ Nimm dir für das Interview genug Zeit.
▷ Wenn du einen Erwachsenen interviewen willst, rede ihn mit „Sie" an.
▷ Frage nach, wenn du etwas nicht verstanden habt.
▷ Vergleiche zum Schluss, ob du auch nichts vergessen hast.
▷ Bitte die interviewte Person um ein Foto, fotografiere oder zeichne sie.
▷ Schreibe aus dem Interview ein Porträt (eine Geschichte) über die Person und verschönere es mit dem Foto oder der Zeichnung.
▷ Vergleicht eure Porträts und stellt sie aus.

# Weggehen – Ankommen

Station _____

## Mein kulturelles Gepäck

Menschen verlassen ihre Heimat aus verschiedenen Gründen. Manche flüchten vor dem Krieg, andere werden verfolgt oder suchen Arbeit.
Auch wenn sie ihre Sachen zurücklassen müssen, tragen sie Erinnerungen an Menschen, Gegenstände und Tiere, bestimmte Gewohnheiten wie in einem unsichtbaren Koffer mit in ihre neue Heimat. Dies nennt man „kulturelles Gepäck".
Stell dir vor, du müsstest plötzlich deine Umgebung, deine Stadt oder sogar das Land verlassen. Was würdest du mitnehmen? Was ist für dich wichtig? Das können Gegenstände sein, wie z.B. Musikkassetten, Kuscheltiere oder Fotos, also Gegenstände, an denen Erinnerungen und Gefühle hängen.

- Richte einen leeren Schuhkarton als „kulturellen Koffer" ein. Lege dort die Dinge hinein, die dir wichtig sind. Was nicht in deinen Koffer passt, kann auf Papier gemalt oder geschrieben werden (z.B. dein Lieblingsessen oder dein Lieblingsfilm).

- Schmücke den Koffer auch von außen. Du kannst ihn bunt anmalen oder bekleben.

- Stellt eure „kulturellen Koffer" in der Klasse aus.

# Weggehen – Ankommen      Station _____

## Woher komme ich? Ein Quiz

- Lies die Texte und finde heraus, aus welchem Land die Menschen kommen. Atlanten können dir dabei helfen.
- Schreibe die Lösung auf.

Meine Muttersprache ist Englisch, aber ich spreche auch etwas deutsch. Zu Weihnachten liegt meine Familie oft am Strand und geht im Pazifischen Ozean schwimmen. In meinem Herkunftsland leben Tiere, die an der Bauchseite kleine Hauttaschen (Beutel) haben, in denen sich ihre Jungen entwickeln.

- Ich komme aus: _____

Ich bin vor 40 Jahren zum Arbeiten nach Deutschland gekommen. Inzwischen bin ich Rentner. Ich lebe während der Sommermonate bei meinen Verwandten und Freunden in meinem Heimatland und im Winter bei meinen Kindern in Deutschland. Mit meiner Enkeltochter spiele ich gern Tavla. Meinem Sohn höre ich gern zu, wenn er auf der Saz spielt.

- Ich komme aus: _____

Ich bin in einem Land geboren, das an Deutschland grenzt. Die Ostseeküste bildet die natürliche Grenze. Die Landessprache ist eine slawische Sprache. In diesem Land bezahlt man mit Zloty. Ich esse gern zum Braten Klöße, die meine Mutter selber macht.

- Ich komme aus: _____

In das Land, wo ich geboren und aufgewachsen bin, kommen viele Touristen, vor allem im Sommer. Sie liegen dann am Strand und baden im Mittelmeer. Mein Vater ist Pizzabäcker und backt die leckerste Pizza.

- Ich komme aus: _____

# Sich kennen lernen

Station _____

## So bin ich – so möchte ich sein – Blatt 1

- Stelle einen Spiegel vor dich auf den Tisch, sodass du dich beim Malen mit Tuschfarben jederzeit sehen kannst. Male dich ganz genau so, wie du dich im Spiegel siehst.

- Berate dich mit deinen Mitschülerinnen und Mitschülern, ob die gewählte Farbe für deine Haare, die Haut, die Augen stimmt.

- Stelle dein Porträt der Klasse vor und berichte, was dir schwer und was dir leicht gefallen ist.

- Stellt eure Porträts in der Klasse aus und vergleicht sie miteinander!

# Sich kennen lernen

Station _____

## So bin ich – so möchte ich sein – Blatt 2

- Lege deinen Kopf auf ein Stück Papier. Deine Partnerin oder dein Partner zeichnet die Umrisse deines Kopfes möglichst genau nach.

- Zeichne in den Umriss hinein, wer du gern sein möchtest und wie du aussehen möchtest, z. B. eine Figur aus einem Film, einer Geschichte, einem Buch, in der Wirklichkeit oder ein Popstar. Nimm dazu am besten Bunt- oder Wachsmalstifte.

- Stelle dein Porträt den anderen vor und erzähle die Geschichte deiner Wunschfigur. Was gefällt dir an dieser Person und was nicht?

# Sich kennen lernen

Station _____

## Mein Name – Blatt 1

- Gestalte deinen Namen und schmücke ihn aus! Du kannst die Buchstaben so bunt und ungewöhnlich zeichnen, wie du willst. Du kannst ihnen auch eine besondere Form geben wie z. B. bei Graffiti.

- Befestigt eure Namenbilder an der Wand und vergleicht sie.

# Sich kennen lernen

Station ____

## Mein Name – wo kommt er her? – Blatt 2

- Informiere dich über deinen Namen.
  Welche Bedeutung hat er?
  Warum haben dich deine Eltern so genannt?
- Bist du mit deinem Namen zufrieden oder ärgerst du dich manchmal über ihn?
- Schreibe die Geschichte deines Namens auf.
- Stellt eure Namensgeschichten in der Klasse vor!

*Die Geschichte meines Namens*

_____
_____
_____
_____
_____
_____
_____
_____
_____
_____
_____

# Sich kennen lernen

Station _____

## Partnerinterview – Blatt 1

- Suche dir eine Partnerin oder einen Partner.
- Was möchtet ihr voneinander wissen?
  Entwickelt gemeinsam einen Leitfaden für ein Interview.

**Diese Stichwörter können euch helfen:**
Lieblingsessen – Lieblingsmusik – was nervt – was soll geändert werden – Wünsche für die Zukunft – Menschen, die euch zum Lachen bringen – wovor ihr Angst habt – ein Platz, wo ihr gern die Ferien verbringt – Hobbys …

# Sich kennen lernen

Station ____

## Partnerinterview – Blatt 2

- Ergänze die Interviewfragen mithilfe der Stichwörter von Blatt 1.
- Interviewt euch gegenseitig.

- Name: _____
- Adresse: _____
- Geburtstag: _____

**Interview**

1. Was gefällt dir an der Schule und was nicht?
   _____
   _____

2. Was möchtest du später einmal werden?
   _____

3. _____
   _____

4. _____
   _____

5. _____
   _____

- Klebe ein Foto von deinem Partner auf das Interview oder male ein Bild.
- Stellt euch gegenseitig mithilfe des Interviews vor.
- Hängt die Interviews von allen Kindern der Klasse auf und vergleicht die Aussagen.

# Sich kennen lernen

Station ____

## Ich-Gedicht – Du-Gedicht

**Ich-Gedicht**
Ich bin ein **M**,
immer **m**unter,
manchmal auch **m**aulig,
ich bin ein **M**orgenmuffel
und esse gern **M**andarinen,
in den Ferien war ich in **M**arokko.
Ich bin ein **M**.

**Du – Gedicht**
Du bist ein **N**,
oft **n**eugierig,
manchmal **n**ervig,
auf Streit hast du **n**ull Bock,
du liebst die **N**atur,
dein kleiner Hund ist **n**iedlich.
Du bist ein **N**.

Diese Gedichte hat Meryem geschrieben. Deshalb fängt in ihrem Ich-Gedicht das jeweils letzte Wort einer Zeile mit M an. Natürlich sollte das Wort etwas mit ihr zu tun haben. Der Name in ihrem Du-Gedicht fängt mit N an. Wie könnte das Kind heißen, über das sie dichtet?

- Schreibe ein Ich-Gedicht über dich und ein Du-Gedicht über ein Kind aus deiner Klasse.

- Lest eure Du-Gedichte vor und ratet, wer gemeint ist.

# Sprache

Station ____

## Redewendungen

Redewendungen gibt es überall in der Welt. Sie sind im Laufe von Jahrhunderten entstanden und beschreiben die Erfahrungen von Menschen in bestimmten Situationen. In den verschiedenen Sprachen werden oft unterschiedliche Bilder benutzt, die Bedeutung ist aber gleich.

■ Verbinde die Redewendungen mit der gleichen Bedeutung mit einem Strich.

| | |
|---|---|
| Der Magen klingelt<br>Karnım zıl çalıyor (türkisch) | Wo sich Fuchs und Hase gute Nacht sagen |
| Es regnet Katzen und Hunde<br>It's raining cats and dogs (englisch) | Wie die Made im Speck leben |
| Beim grünen Teufel wohnen<br>Loger au diable vert (französisch) | Es regnet in Strömen |
| Bist du bei den Krähen, musst du wie sie krächzen<br>Jesli wejdziesz posrod wrony musisz Krakac tak jak one (polnisch) | Einen Bärenhunger haben |
| Die Katze im Federkleid.<br>O gato num veztido de penas (portugiesisch) | Mit den Wölfen heulen |
| Wie die Biene in der Blüte leben<br>Vivir como abeja en flor (spanisch) | Wie ein Wolf im Schafspelz |

■ Suche dir eine Redewendung aus und stelle sie in einem Bild dar!

# Sprache

Station _____

## Sprachen, die ich kenne

■ Welche Sprachen sprichst du oder lernst du? Mit welchen Sprachen kommst du in Berührung?

■ Wähle für jede Sprache eine Farbe, z. B. grün für Englisch.

| Sprache | Farbe |
|---|---|
| _____ | ☐ |
| _____ | ☐ |
| _____ | ☐ |
| _____ | ☐ |
| _____ | ☐ |

■ Zeichne den Umriss deines Körpers auf ein großes Blatt Papier.

■ Male deinen Körper mit den Farben deiner Sprachen so aus, dass man sieht, welche Bedeutung die Sprachen für dich haben! Überlege, welche Farbe du deinem Herzen geben willst und wie groß die Farbflächen sein sollen.

■ Erkläre deinen Mitschülern, welche Bedeutung die verschiedenen Sprachen für dich haben und warum du ihnen die Farbe und den Platz in deiner Zeichnung gegeben hast.

# Sprache

Station ____

## Sprachencollage

- Bringt von zu Hause Zeitungen, Zeitschriften, Verpackungen, Werbematerial und Gebrauchsanweisungen mit!
- Sucht euch aus dem Material Wörter, Sätze, Texte in unterschiedlichen Sprachen heraus.
- Könnt ihr Wörter oder Sätze übersetzen? Erkennt ihr, worum es geht?
- Schneidet die Wörter, Sätze und Texte aus und setzt sie zu einer bunten Collage zusammen.

# Sprache

Station _____

## So schreibt man anderswo

In vielen Ländern schreibt man mit anderen Schriftzeichen als bei uns.

■ Schreibe alle Wörter ab.

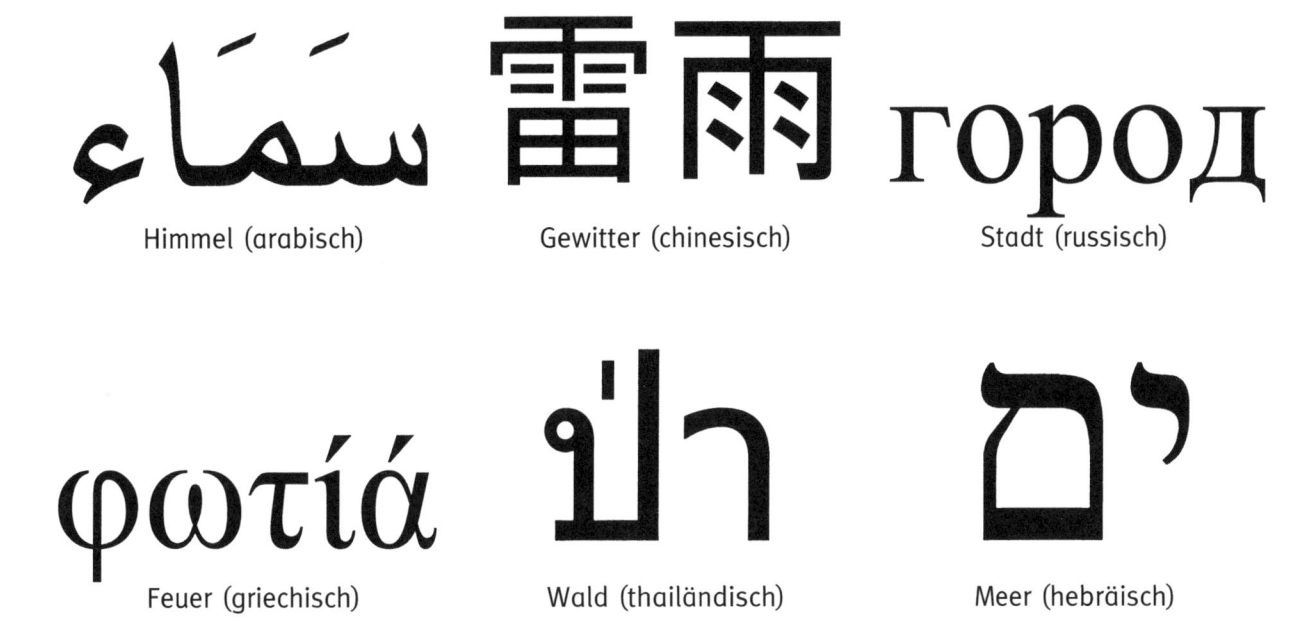

سَمَاء  
Himmel (arabisch)

雷雨  
Gewitter (chinesisch)

город  
Stadt (russisch)

φωτiά  
Feuer (griechisch)

ป่า  
Wald (thailändisch)

ים  
Meer (hebräisch)

■ Wähle ein Wort aus, z. B. φωτiά, und gestalte ein Bild, das zur Bedeutung des Wortes passt.

# Zusammenleben

Station _____

## Eine Hausgemeinschaft

■ Wie heißen die Bewohner des Mietshauses?
■ Lies die Beschreibungen der Mieter auf dem Textblatt durch und trage die Namen ein.

■ Zeichne das Haus, in dem du lebst.
■ Trage die Namen der Personen ein und das, was du über sie weißt.
■ Welche Erfahrungen macht ihr mit Kindern, welche mit Erwachsenen?

# Zusammenleben

Station ____

## Eine Hausgemeinschaft – Textblatt

**Viet-Ha Tang**
Ich bin 14 Jahre alt und wohne mit meinen Eltern und zwei jüngeren Geschwistern seit neun Jahren hier. Meine Mutter und mein Vater sind mit ihren Eltern 1975 aus Vietnam geflüchtet, weil dort Krieg war. Ich bin in Berlin geboren. In dem Haus wohnen viele Kinder, das finde ich gut. Ich besuche auch gern Susanne, die zusammen mit Anja über uns wohnt.

**Frau Perkovic**
Mein Mann und ich fühlen uns in diesem Haus wohl, weil hier viele nette Leute wohnen. Wir sind vor 30 Jahren aus Jugoslawien zum Arbeiten nach Deutschland gekommen. Seitdem wohnen wir hier. Unsere Kinder Andreja und Darko sind hier geboren und wohnen mit ihren Familien im Nachbarhaus. Unsere vier Enkelkinder kommen uns oft besuchen. Dann platzt die Wohnung aus allen Nähten.

**Frau Nowosielska**
Mein Sohn Piotr und ich wohnen im selben Stock wie die Familie Tang. Wir sind vor vier Jahren aus Polen nach Berlin gekommen und sind froh, dass wir gleich diese Wohnung gefunden haben. Das Haus gefällt uns, wir werden aber in einem Jahr wieder zurück nach Polen ziehen, weil meine Arbeit in einer Computerfirma hier in Berlin endet.

**Susanne Hoffmann**
Ich wohne hier seit fünf Jahren mit meiner Freundin Anja direkt neben den Perkovics. Aus Bochum musste ich wegziehen, weil ich in Berlin einen Studienplatz an der Universität bekommen habe. Wenn ich nächstes Jahr mit dem Studium fertig bin, möchte ich zurück ins Ruhrgebiet. Dann ziehe ich aus.

**Frau Schulz**
Vor 80 Jahren, da war ich neun Jahre alt, zog ich mit meinen Eltern in dieses Haus. Da war das Haus noch neu. Die Demirels wohnen nebenan und schauen jeden Tag nach mir und ihre Kinder erledigen für mich die wichtigsten Einkäufe, da ich nicht mehr so gut laufen kann. Ich werde bestimmt nicht mehr ausziehen.

**Herr Demirel**
Wir wohnen hier zu viert, meine Frau, unsere beiden Kinder und ich. Der Obst- und Gemüseladen im Haus gehört uns. Es ist sehr praktisch, im gleichen Haus zu wohnen.

# Zusammenleben

Station _____

## Auf gute Nachbarschaft!

- Welche der Aussagen treffen auf deine Nachbarschaft zu, welche nicht? Kreuze an.
- Schreibe auf, welche Erfahrungen du mit diesen Aktivitäten gemacht hast. Falls der Platz nicht reicht, nimm ein zusätzliches Blatt
- Gibt es andere Aktivitäten in deiner Nachbarschaft? Notiere sie.
- Tragt in der Klasse eure Ergebnisse zusammen und wertet sie aus.

| Aktivitäten | x | Eigene Erfahrungen |
|---|---|---|
| Während der Ferien Pflanzen oder Haustiere pflegen | | |
| Beim Renovieren oder Reparieren helfen | | |
| Zusammen Feste feiern | | |
| Bei Krankheit besuchen und trösten | | |
| Beim Einkaufen helfen | | |
| Gemeinsam essen, Kaffee trinken, klönen | | |
| Mit Lebensmitteln aushelfen | | |
| Streitigkeiten schlichten | | |
| | | |
| | | |
| | | |
| | | |

# Zusammenleben

Station _____

## Amina: Leben in einer Wohngemeinschaft

■ Lies zunächst den Text und beantworte dann die Fragen unten.

*Ich heiße Amina, bin 10 Jahre alt und wohne in einem Haus mit einem großen Garten am Stadtrand von Hamburg. Ich wohne in einer Wohngemeinschaft zusammen mit Mboro, meinem Vater, und Birgit, meiner Mutter. Außerdem sind da noch Peter und Susanne, die Eltern von Timo. Timo ist erst 5 Jahre alt und nervt mich manchmal, wenn er unbedingt mit mir spielen will. Ich finde es super, dass wir so viel Platz haben. Jeder von uns hat ein eigenes Zimmer. Es gibt noch einen Gemeinschaftsraum, wo wir uns zum Essen, Fernsehen, Spielen oder Quatschen treffen. Mein Eltern arbeiten beide. Mein Vater gibt Sprachunterricht in Kisuaheli, das ist eine der Sprachen, die man in Tansania, einem Land in Afrika, spricht. Dort ist er auch aufgewachsen. Meine Mutter arbeitet als Redakteurin bei einer Zeitung und kommt meistens erst am Abend nach Hause.*
*Wenn ich aus der Schule komme, esse ich mit Timo, Mboro oder Susanne und mache meine Hausaufgaben. Noch vor einem Jahr hatte ich große Probleme mit den Hausaufgaben. Ich habe sie oft vergessen oder falsch gemacht. Nachdem mir Susanne eine Zeit lang geholfen hat, kann ich jetzt alleine arbeiten. Am Wochenende unternehmen meine Eltern, Susanne, Peter, Timo und ich oft etwas gemeinsam. Wir gehen schwimmen, ins Kino oder auch mal ins Museum. Letztes Jahr in den Sommerferien sind wir alle zusammen nach Tansania gefahren und haben meine Großeltern besucht. Das war toll.*

■ Suche eine Überschrift für die Geschichte von Amina und schreibe sie über den Text.

■ Amina wohnt in einer Wohngemeinschaft zusammen mit ihren Eltern und mit Susanne, Peter und Timo. Mit wem lebst du zusammen? Zeichne die Personen, mit denen du zusammenwohnst.

■ Was macht Amina am Wochenende? Markiere die Stelle im Text.
Was machst du am Wochenende? Schreibe auf.

# Zusammenleben

Station _____

## Murat: Leben in einem Dorf

■ Lies zunächst den Text durch und beantworte dann die Fragen unten.

*Hallo, ich bin Murat, bin 11 Jahre alt und lebe in einem kleinen Dorf in der Nähe von Köln zusammen mit meinen Eltern und meiner großen Schwester Sevgi. Mein Vater arbeitet in Köln als Lehrer und meine Mutter als Verkäuferin in dem Lebensmittelgeschäft im Dorf.*
*Wir leben in einem ehemaligen Bauernhaus, das schon über 200 Jahre alt ist. Meine Eltern haben das Haus von meinen Großeltern übernommen. Ich habe ein Zimmer direkt unter dem Dach. Wenn ich mich aus dem Fenster lehne, kann ich bis zum Wald sehen. Manchmal entdecke ich sogar Rehe und Wildschweine. Es macht Spaß, sie zu beobachten, leider kann ich sie aus der großen Entfernung nicht genau sehen. Es wäre toll, wenn ich ein Fernglas hätte. Meine Schwester ist schon 14 Jahre alt. Manchmal sind ihre Freundinnen zu Besuch, die kichern und machen sich immer über mich lustig. Das macht mich wütend und manchmal raste ich richtig aus.*
*Dann flüchte ich meistens zu meinem Freund Jens. Oft spielen wir mit den Jungen aus der Nachbarschaft Fußball. Im Nachbarort gibt es einen Fußballverein, da trainieren wir zweimal in der Woche. Mein Großvater ist vor 40 Jahren zum Arbeiten aus der Türkei nach Deutschland gekommen und hat in einer großen Autofabrik in Köln gearbeitet. Als er Rentner wurde, ist er mit meiner Großmutter in die Türkei zurückgekehrt. Dort besuchen wir sie fast jedes Jahr.*

■ Suche eine Überschrift für die Geschichte von Murat und schreibe sie über den Text.

■ Murat ist von seiner Schwester genervt. Warum? Welche Lösung hat er gefunden? Markiere die Stelle im Text.

■ Wann bist du genervt und was tust du dann?

■ Spielt den Konflikt zwischen Murat und seiner Schwester im Rollenspiel? Welchen Rat würdet ihr Murat geben?

# Zusammenleben

Station _____

## Gina: Leben in der Großstadt

■ Lies zunächst den Text durch und beantworte dann die Fragen unten.

*Mein Name ist Gina. Ich bin 14 Jahre alt und lebe zusammen mit meiner Mutter. Wir wohnen in einem Hochhaus im 20. Stock in Hamburg. Von meinem Zimmer aus habe ich einen tollen Blick über die ganze Stadt. Vor allem abends, wenn die Sonne untergeht, ist mein Zimmer in rotes Licht getaucht. Das genieße ich und bin dann ganz glücklich. Das ist aber auch schon das Beste an unserem Haus. Es ärgert mich, dass hier kaum jemand den anderen kennt, sogar zwischen Nachbarn gibt es nur wenig Kontakt. Wir suchen deshalb auch eine andere Wohnung.*
*Ich bin froh, dass meine Mutter und ich so oft wie möglich aus der Stadt herausfahren. Wir genießen die Natur und gehen gern schwimmen und joggen. Vor einem halben Jahr bin ich beim Joggen im Wald über eine Wurzel gestolpert und habe mir das Bein gebrochen. Ich lag über zwei Wochen im Krankenhaus. Jeden Tag musste ich zur Krankengymnastik und viele Übungen machen. Zum Glück geht es mir heute schon viel besser. Im Krankenhaus habe ich mich oft allein gefühlt. Es wäre toll, wenn ich einen kleinen Hund hätte, dann würde ich mich nie mehr einsam fühlen.*

■ Suche eine Überschrift für die Geschichte von Gina und schreibe sie über den Text.

■ Wie gefällt Gina ihre Wohnung? Markiere die Stelle im Text.

■ Was gefällt dir an deiner Wohnung und was nicht?

■ Gina stört, dass zwischen den Nachbarn nur wenig Kontakt besteht. Wie könnte Gina den Kontakt herstellen? Spielt im Rollenspiel eine Begegnung mit den Nachbarn.

# Zusammenleben

Station _____

## Amina, Murat, Gina – Gemeinsamkeiten und Unterschiede

■ Vergleiche die Lebenssituation von Amina, Murat und Gina. Trage deine Ergebnisse in die Tabelle ein. Nimm ein zusätzliches Blatt, wenn der Platz nicht reicht.

|  | Amina | Murat | Gina |
| --- | --- | --- | --- |
| Wie alt sind sie? | | | |
| Wo und wie wohnen sie? | | | |
| Mit wem leben sie zusammen? | | | |
| Was gefällt ihnen, was nervt sie? | | | |
| Welches Problem haben sie bewältigt? | | | |

■ Schreibe eine Geschichte über deine Lebenssituation.
   Was sollte in deiner Geschichte alles vorkommen? Orientiere dich an den Fragen der Tabelle!

# Zusammenleben

Station _____

## Wünsche von Amina, Murat und Gina

Amina, Murat und Gina haben aufgeschrieben, was sie sich wünschen.

▪ Von wem sind welche Wünsche? Verbinde die Namen und die dazugehörigen Wünsche mit einem Strich.

Meine Eltern sollen mehr Zeit für mich haben.
Ich möchte meine Großeltern in Afrika öfter besuchen.
Alle Kinder auf der Welt sollen ausreichend zu essen haben.

Ich wünsche mir ein Fernglas.
Ich möchte ein großer Fußballstar werden.
Es soll keinen Krieg in der Welt geben.

Meine Familie soll gesund und glücklich bleiben.
Ich wünsche mir einen Hund.
Es soll keine Armut auf der Welt geben.

▪ Wenn du drei Wünsche frei hättest, was würdest du dir wünschen?

_____

_____

# Essen und Trinken

Station _____

## Mein Lieblingsessen

Wie schmeckt euch das Essen, das auf den Tisch kommt?

- Macht eine Umfrage in der Klasse:
  Was schmeckt euch am besten?
  Was schmeckt euch nicht?

- Tragt die Ergebnisse eurer Umfrage in die Tabelle ein.

| Name | Mein Lieblingsessen | Das mag ich nicht essen |
|---|---|---|
|  |  |  |
|  |  |  |
|  |  |  |
|  |  |  |
|  |  |  |
|  |  |  |
|  |  |  |
|  |  |  |

**Auswertung**

| Das essen wir gerne | Anzahl der Kinder | Das essen wir nicht gern | Anzahl der Kinder |
|---|---|---|---|
|  |  |  |  |
|  |  |  |  |
|  |  |  |  |
|  |  |  |  |
|  |  |  |  |

Das Lieblingsessen der meisten Kinder ist:

_____

Das Essen, das die meisten Kinder nicht mögen, ist:

_____

# Essen und Trinken

Station _____

## Lieblingsessen anderswo

Kinder aus anderen Ländern haben eine Umfrage gemacht, was sie am liebsten essen.

- In welchen Ländern wurde die Umfrage gemacht?
  Schreibe die Ländernamen über die Lieblingsspeisen.

---

Flûtes (lange Brote) mit Salami und Käse
Spagetti mit Fleischsoße
Hamburger mit Pommes frites
Crêpe (dünner Eierkuchen)
Glace (Eis)

---

Minestrone (Gemüsesuppe)
Spagetti Bolognese (Fleischsoße)
Pizza
Hühnchen mit Pommes frites
Tiramisu (Süßspeise)
Gelato (Eis)

---

Supageti (Spagetti mit Soße)
Sushi (roher Fisch mit Sojasoße)
Hambaagu (Bulette mit Reis)
Yakiniku (gebratenes Fleisch mit Reis)
Kurepu (Eierkuchen)
Aisukurimu (Eiscreme)

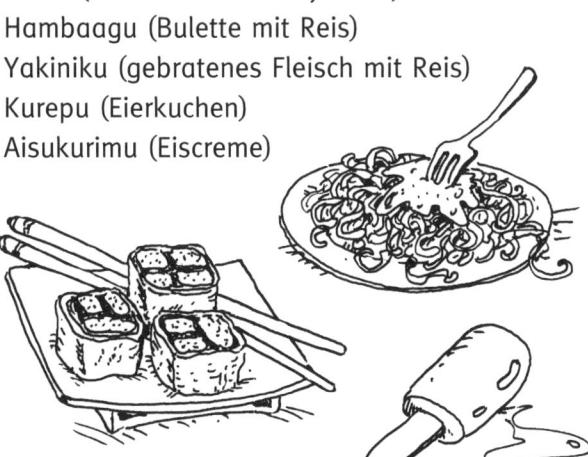

---

Sigara böreği (Blätterteigröllchen
mit Schafskäse gefüllt)
Markarna (Nudeln mit Tomatensoße)
Hamburger
Lahmacun (Pizza)
Dondurma (Eis)

---

- Woran hast du erkannt, in welchen Ländern die Umfrage gemacht wurde?
- Vergleicht eure Lieblingsspeisen mit den Lieblingsspeisen der Kinder aus anderen Ländern. Gibt es Speisen, die Kinder in allen Ländern schmecken? Welche kennt ihr, welche nicht?

# Essen und Trinken

Station _____

## Essen alle Menschen gleich?

Frau Yujing Kan stammt aus China und lebt in Berlin. Sie erzählt:

„Eigentlich sind die Essstäbchen mein ganzes Leben lang meine Freunde. Schon als ich klein war, konnte ich mit ihnen nicht nur Reis und Gemüse essen, sondern damit auch Erdnüsse ganz genau greifen. Ohne sie fallen zu lassen, steckte ich die Nüsse in den Mund. Ich war stolz wie ein Pfau. Ab und zu vergaß ich, dass ich nicht an den Essstäbchen lutschen oder auf ihnen herumkauen sollte. Manchmal klapperte ich damit auch auf der Tischplatte. Dann schüttelte meine Mutter den Kopf und sagte: ‚Beim Essen keine richtige Esshaltung, beim Sitzen keine richtige Sitzhaltung.'

Ich hätte nie gedacht, dass ich 30 Jahre später in Deutschland lebe. Meine Tochter ist in Berlin geboren. Vor dem Essen sagt sie: ‚Piep, piep, piep, guten Appetit.' Solche Tischsprüche habe ich China nicht gekannt. Meine Tochter kann mit Stäbchen und mit Messer und Gabel essen."

- Welche Tischsitten gibt es bei dir zu Hause?
- Kennst du andere Tischsprüche?
- Welche Tischsitten aus anderen Ländern kennst du?

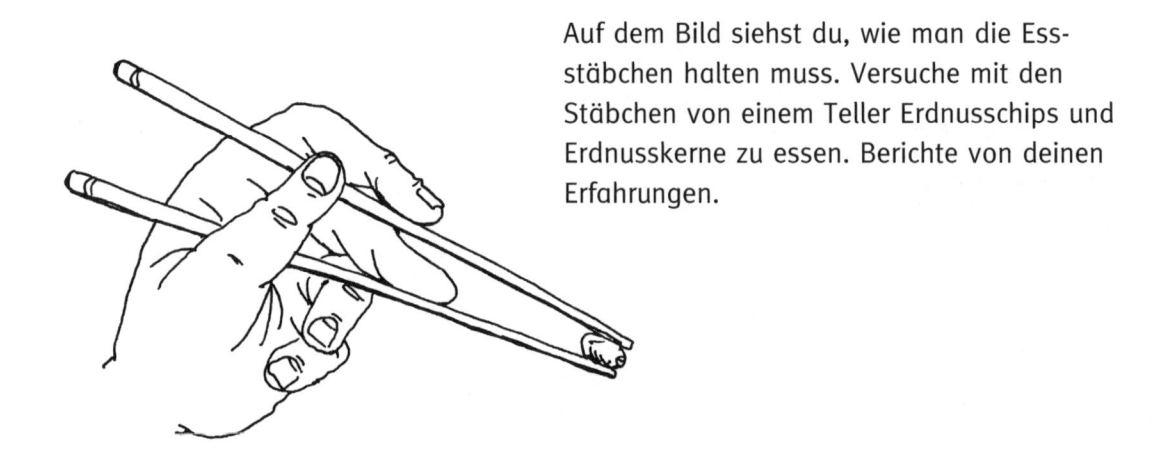

Auf dem Bild siehst du, wie man die Essstäbchen halten muss. Versuche mit den Stäbchen von einem Teller Erdnusschips und Erdnusskerne zu essen. Berichte von deinen Erfahrungen.

# Essen und Trinken

Station _____

## Trinken alle Menschen gleich?

Fatmas Familie stammt aus der Türkei.
Sie ist in Deutschland geboren und erzählt:

*„Der deutsche Kaffee schmeckt mir nicht. Er ist mir zu stark und zu bitter. Ich trinke am liebsten Tee, und zwar aus dem Glas. Ich kann mich noch erinnern, wie ich als kleines Mädchen vor Schreck das Glas fallen ließ, weil der Tee so heiß war. Der heiße Tee war über meine Hose gelaufen und ich habe gebrüllt wie am Spieß. Meine Großmutter lachte und hat mir erklärt, dass man warten muss, bis der Tee etwas abgekühlt ist. Sie hat mir gezeigt, wie man das Glas am besten mit den Fingern fasst und den heißen Tee in kleinen Schlucken trinkt. Als dann eines Tages mein Schulfreund Dennis zu mir nach Hause kam, kochte meine Mutter Tee. Dennis trank sein Glas aus und meine Mutter schenkte ihm immer wieder nach.*

*Dennis wollte nicht unhöflich sein und trank ein Glas nach dem anderen. Ich musste lachen und erklärte ihm, dass er als Zeichen, wenn er keinen Tee mehr möchte, nur den Löffel auf das leere Glas zu legen braucht. Es funktionierte und Dennis war erleichtert."*

- Welche Getränke trinkst du am liebsten? Woraus trinkst du sie?
- Was machst du, wenn du nicht willst, dass man dir nachschenkt?
- Kocht selbst Tee und trinkt ihn aus türkischen Teegläsern.

# Essen und Trinken

Station _____

## Gemeinsam essen

- Beschreibe, wie die Menschen auf den zwei Bildern essen.
- Was ist gleich, worin unterscheiden sie sich?

- Zeichne ein Bild, wie du in der Schule oder bei dir zu Hause isst.
- Vergleicht eure Bilder.

# Essen und Trinken

Station ____

## Einladung zum Essen

- Welche Informationen gehören in eine Einladung? Die Stichpunkte unten helfen dir.
- Entwerft eine Einladung.
- Wie könnt ihr die Einladung besonders ansprechend gestalten?

**Stichpunkte für die Einladung:**
Name des Gastes, Name des Gastgebers, Ort, Zeitpunkt, Anlass (Grund für die Einladung), Programmpunkte (z. B. Tanzen, Singen, Gedicht vortragen)

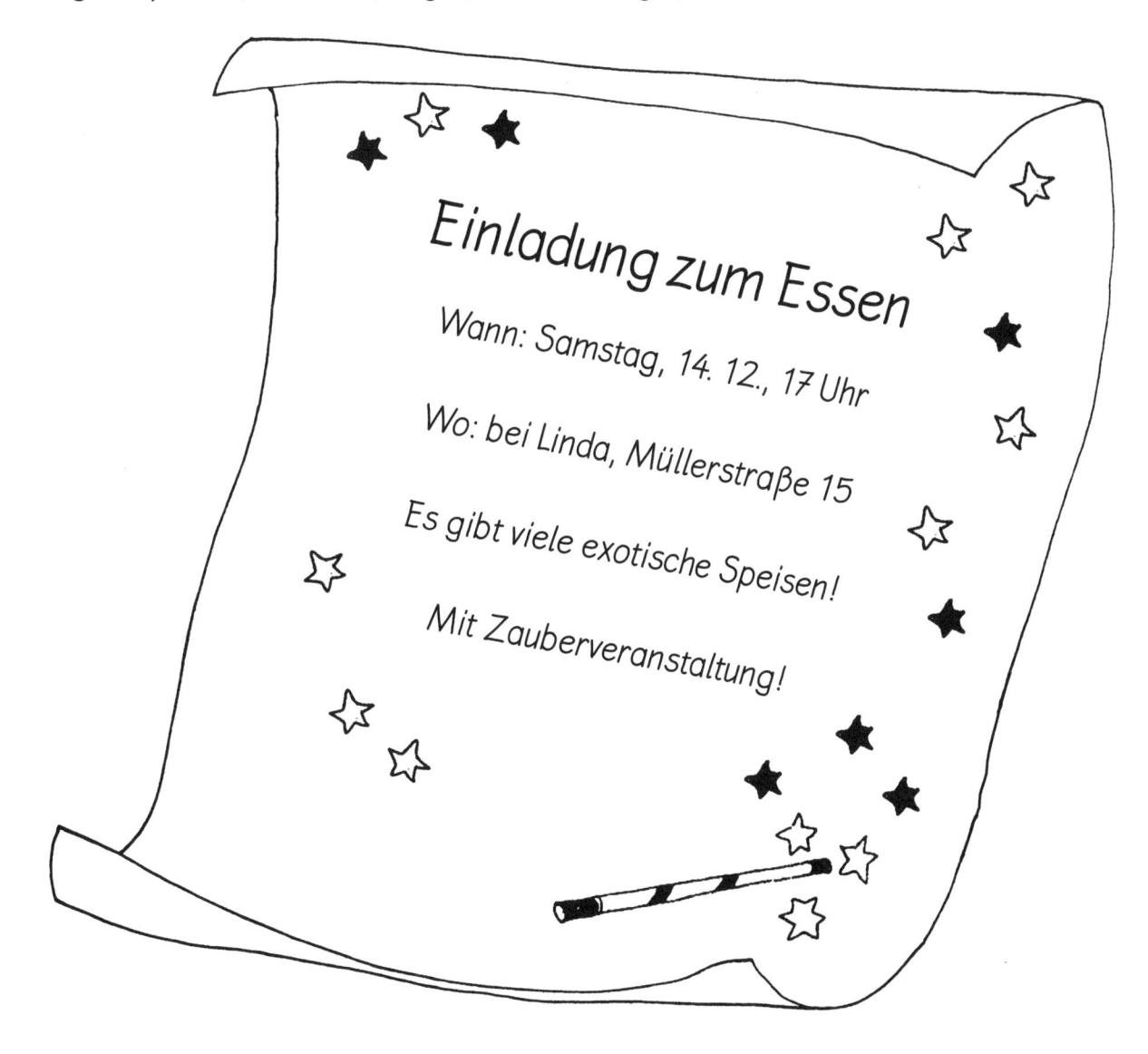

> **Einladung zum Essen**
> Wann: Samstag, 14. 12., 17 Uhr
> Wo: bei Linda, Müllerstraße 15
> Es gibt viele exotische Speisen!
> Mit Zauberveranstaltung!

- Wen möchtet ihr zu eurem Essen einladen? Erstellt eine Gästeliste.
- Welche Speisen möchtet ihr anbieten? Stellt Gerichte aus verschiedenen Ländern zusammen.

# Essen und Trinken

Station _____

## Rezepte: kalte Mixgetränke

Die Rezepte eines indischen und eines deutschen Getränks sind durcheinander geraten.

- Schneide die Sätze aus, bringe sie in die richtige Reihenfolge und klebe sie auf.

- Bereitet die Getränke nach den Rezepten zu. Ihr könnt die Getränke nach eurem Geschmack verändern. Die Menge reicht für vier Personen. Probiert es aus.

**Minze Lassi**
Zutaten:
200 g Joghurt
250 ml Wasser
4 Teelöffel Honig
10–12 Blätter frische Minze

**Kalte Malve**
Zutaten:
1 l Malventee
4 Esslöffel Honig
2 Zitronen
gekochte Sauerkirschen

**Zubereitung**

Einige Scheiben der Zitronen für die Garnierung übrig lassen.

Die Minzeblätter mit dem Messer klein hacken.

Zitronen auspressen und den Saft in den Tee gießen. Den Tee mit Honig süßen.

Joghurt, Wasser, Minzeblätter und Zucker in eine Schüssel tun.

Tee in Gläser füllen und mit einer Zitronenscheibe und einigen Kirschen garnieren.

Mit einem Rührbesen die Masse schaumig schlagen.

Malventee im Beutel mit kochendem Wasser überbrühen. Eine halbe Stunde ziehen lassen.

Einige Minzeblätter zum Garnieren übrig lassen.

Den Tee im Kühlschrank kühlen.

Das Getränk in Gläser füllen und mit Minzeblättern garnieren.

# Essen und Trinken

Station _____

## Eierkuchen international

Sicher hast du schon einmal Eierkuchen gegessen. Das Gericht gibt es in vielen Ländern.

- Aus welchen Ländern kommen die Eierkuchen? Ordne zu.
- Suche die Länder im Atlas und male die Flaggen aus.
- Welche Namen ähneln sich? Unterstreiche sie in der jeweils gleichen Farbe.

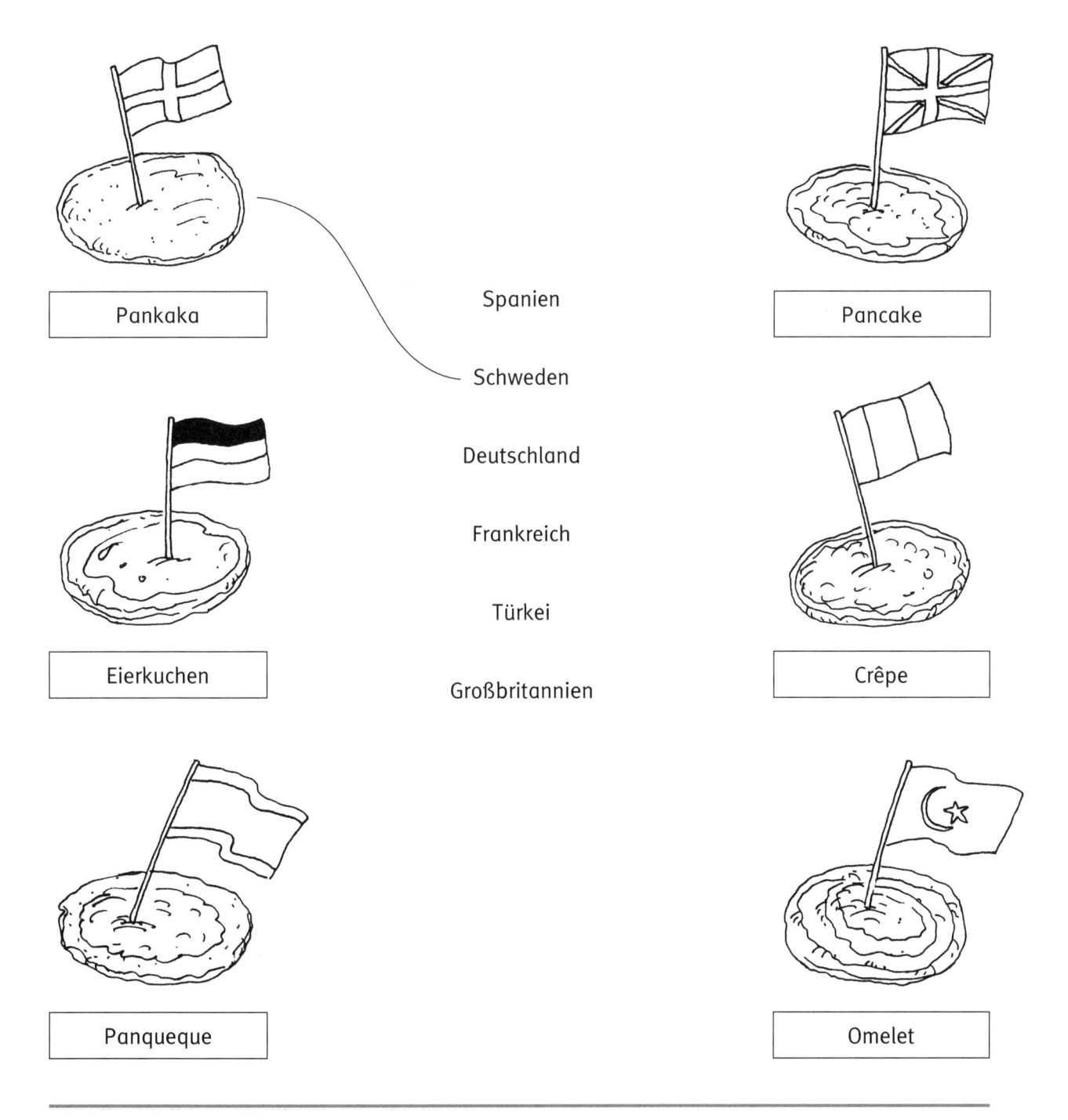

Pankaka

Spanien

Schweden

Deutschland

Frankreich

Türkei

Großbritannien

Pancake

Eierkuchen

Crêpe

Panqueque

Omelet

© Cornelsen Verlag Scriptor, Berlin • Lernen an Stationen • Themenheft „Interkulturelles Lernen"

# Spielen

Station ____

## Spiel mit!

- Seht euch das Bild an.
- Habt ihr schon mal so eine Situation erlebt? Wie ist es euch ergangen? Berichtet!
- Kennt ihr das Spiel? Probiert es aus!

# Spielen

Station _____

## Wer war's? Ein Spiel aus Marokko

- Lest die Spielregel genau und erklärt sie einander.
- Probiert das Spiel aus!
- Kennt ihr ein ähnliches Spiel?

**Spielregeln**
▷ Die Mitspieler teilen sich in zwei gleich große Gruppen auf.
▷ Die Spieler der Gruppe 1 stellen sich im Halbkreis auf. Die Spieler der Gruppe 2 stellen sich dahinter und halten den Spielern der Gruppe 1 die Augen zu.
▷ Die Spieler der Gruppe 2 vereinbaren, ohne zu sprechen, dass ein Spieler der Gruppe 1 wieder sehen darf. Dieser Spieler der Gruppe 1 läuft leise auf einen Spieler seiner Gruppe zu, tippt ihn an und kehrt auf seinen Platz zurück.
▷ Jetzt dürfen alle Spieler seiner Gruppe die Augen aufmachen und der Angetippte muss raten: „Wer war's?".
▷ Tippt der Angetippte falsch, wird in der gleichen Weise weitergespielt. Tippt er richtig, stellt sich seine Gruppe nach hinten und hält den anderen die Augen zu.

# Spielen

Station _____

## Zublinzeln – ein Spiel aus Deutschland

- Lest die Spielregeln genau und erklärt sie einander.
- Probiert das Spiel aus!
- Kennt ihr ein ähnliches Spiel?

**Spielregeln**
▷ Die Hälfte der Gruppe sitzt im Stuhlkreis auf Stühlen. Sie sind die „Gefangenen".
▷ Die andere Hälfte steht hinter den Stühlen als „Wächter", sodass immer zwei Kinder ein Paar als „Wächter" und „Gefangener" bilden.
▷ Alle „Wächter" haben die Hände auf dem Rücken.
▷ Ein Kind steht hinter einem leeren Stuhl. Dieses Kind versucht ein sitzendes Kind auf seinen Stuhl zu locken, indem es ihm zublinzelt.
▷ Wenn der „Wächter" das merkt, hält er seinen „Gefangenen" sofort fest. Ist ihm sein „Gefangener" aber entwischt, muss er sich selbst jemanden auf seinen Stuhl herbeiblinzeln.

# Spielen

Station _____

## Greif den Stock! Ein Spiel aus Ägypten

■ Lest die Spielregeln genau und erklärt sie einander.

■ Probiert das Spiel aus!

■ Kennt ihr ein ähnliches Spiel?

**Spielregeln**
▷ Die Zahl der Spieler ist unbegrenzt. Es gibt einen Spielleiter.
▷ Die Spieler stehen im Kreis. Sie halten einen Abstand von ungefähr zwei Meter.
▷ Jeder Spieler stellt seinen Stock senkrecht vor sich hin. Sobald der Spielleiter „Wechsel!" ruft, lässt jeder seinen Stab los und rennt zum Stock des rechten Nachbarn.
▷ Jeder versucht den Stab des Nachbarn zu fassen, bevor der Stab umfällt. Wer den Stock nicht rechtzeitig fängt, scheidet aus.

■ *Material*
*Jeder Spieler braucht einen Stock oder einen Gymnastikstab.*

# Spielen

Station \_\_\_\_

## Murmeln – ein Spiel aus Chile

- Lest die Spielregeln genau und erklärt sie einander.
- Probiert das Spiel aus!
- Kennt ihr ein ähnliches Spiel?

**Spielregeln**
▷ Nehmt einen großen Schuhkarton und zeichnet auf einer Seite vier Tore von unterschiedlicher Größe auf. Schneidet sie aus.
▷ Schreibt über jedes Tor eine Zahl: 1, 2, 3 und 4. Das größte Tor erhält die kleinste und das kleinste Tor die größte Zahl.
▷ Jeder bekommt fünf Murmeln und setzt sich zwei Meter von dem Karton entfernt hin.
▷ Versucht nacheinander eine Murmel in ein Tor zu rollen. Wer ein Tor trifft, bekommt die gleiche Zahl Murmeln, wie am Tor steht. Murmeln, die daneben rollen, sind verloren.
▷ Hat ein Spieler keine Murmeln mehr, scheidet er aus.
▷ Wer die meisten Murmeln hat, hat gewonnen.

- *Material*
  *Ihr braucht einen großen Schuhkarton, eine Schere, einen Farbstift und Murmeln.*